Renate Sültz & Uwe H. Sültz

Ess-Tagebuch

Diät-Tagebuch   Abnehm-Tagebuch

BoD - Books on Demand

Norderstedt 2017

Bibliografische Information durch die Deutsche Nationalbibliothek

Die Deutsche Nationalbibliothek verzeichnet diese Publikation in der Deutschen Nationalbibliografie; detaillierte bibliografische Daten sind im Internet über http://dnb.dnb.de abrufbar.

© 2017 Renate Sültz & Uwe H. Sültz

Herstellung und Verlag:

BoD – Books on Demand, Norderstedt

ISBN 9-78374-3-16573-1

Vorwort:

Wir wissen, dass Cola viel Zucker enthält!

Wir wissen, dass Chips nicht gerade zum Abnehmen beitragen!

Wir wissen, dass zu wenig Bewegung ungesund ist!

Wir wissen, dass Obst und Gemüse gesund sind!

So könnte man noch unzählig weiter schreiben. Wir wissen es einfach, durch die Medien, den Arzt oder durch unser Unwohlsein. Wir wissen, dass wir der Partnerin, dem Partner und der Familie noch lange erhalten bleiben wollen. Wir wissen das alles und trotzdem zeigt die Waage zu viel Gewicht an. Mit diesem antiautoritären Ess-Tagebuch möchten wir einfach einmal darauf aufmerksam machen, ob nicht das ein oder andere Glas Cola, Pommes rot/weiß, der Schokoriegel oder die Tüte Chips, so richtig sein mussten. Hätte nicht etwa auch ein Apfel oder ein Glas Mineralwasser gereicht? Oder zwei, oder drei?

Schreiben wir also nun bewusst alles auf, was wir so den ganzen Tag über essen. Alles bitte, nichts vergessen! Dann überdenken wir diese Liste, mit vollem Bewusstsein. Musste das ein oder andere wirklich sein? War es das Hungergefühl oder ein Frustessen? Wenn es Genuss war, dann ist es OK. War es Frust oder Langeweile, dann machen wir uns das bewusst und suchen einen Ausgleich.

BEWUSST ESSEN… BEWUSST ABNEHMEN… BEWUSST LEBEN

Wenn wir abnehmen wollen, müssen wir weniger Energie zu uns nehmen, als der Körper verbraucht! Wir wissen, dass Bewegung hilft, nicht nur fürs Abnehmen. Wer Muskeln aufbaut, der verliert Fett, auch das wissen wir. Also werden wir die Süßigkeiten einschränken und die Spaziergänge steigern. Und wenn Süßes, dann bewusst genießen! Bewusst genießen bedeutet auch, sich Zeit zu nehmen.

Also, los geht es! Wir können zwar auch die Kalorien in kcal. und die Essmenge in Gramm eintragen, aber eigentlich kommt es auf das Bewusstsein an!

BEWUSST ESSEN… BEWUSST ABNEHMEN… BEWUSST LEBEN

Datum:		Warum?	Nach guter Überlegung:	Mein Gewicht:
Was habe ich gegessen: Kalorien in kcal:	Essmenge in gr.	Hunger/Frust	Musste es sein?	

Datum:	Was habe ich gegessen: Kalorien in kcal: Essmenge in gr.	Warum? Hunger/Frust	Nach guter Überlegung: Musste es sein?	Mein Gewicht:

Datum:			Warum?	Nach guter Überlegung:	Mein Gewicht:
Was habe ich gegessen: Kalorien in kcal:		Essmenge in gr.	Hunger/Frust	Musste es sein?	

Datum:	Was habe ich gegessen:	Warum?	Nach guter Überlegung:	Mein Gewicht:
Kalorien in kcal:	Essmenge in gr.	Hunger/Frust	Musste es sein?	

Datum:		Warum?	Nach guter Überlegung:	Mein Gewicht:
Was habe ich gegessen: Kalorien in kcal:	Essmenge in gr.	Hunger/Frust	Musste es sein?	

Datum:	Was habe ich gegessen:		Warum? Hunger/Frust	Nach guter Überlegung: Musste es sein?	Mein Gewicht:
Kalorien in kcal:	Essmenge in gr.				

Datum:		Warum?	Nach guter Überlegung:	Mein Gewicht:
Was habe ich gegessen: Kalorien in kcal:	Essmenge in gr.	Hunger/Frust	Musste es sein?	

Datum:	Was habe ich gegessen:	Warum? Hunger/Frust	Nach guter Überlegung: Musste es sein?	Mein Gewicht:
	Kalorien in kcal:	Essmenge in gr.			

Datum:				
Was habe ich gegessen:		**Warum?**	**Nach guter Überlegung:**	**Mein Gewicht:**
Kalorien in kcal:	**Essmenge in gr.**	**Hunger/Frust**	**Musste es sein?**	

Datum:	Was habe ich gegessen:	Warum?	Nach guter Überlegung:	Mein Gewicht:
Kalorien in kcal:	Essmenge in gr.	Hunger/Frust	Musste es sein?	

Datum:		Warum?	Nach guter Überlegung:	Mein Gewicht:
Was habe ich gegessen: Kalorien in kcal:	Essmenge in gr.	Hunger/Frust	Musste es sein?	

Datum:	Was habe ich gegessen:	Warum? Hunger/Frust	Nach guter Überlegung: Musste es sein?	Mein Gewicht:
Kalorien in kcal:	Essmenge in gr.			

Datum:			Nach guter	
Was habe ich gegessen:		Warum?	Überlegung:	Mein
Kalorien in kcal:	Essmenge in gr.	Hunger/Frust	Musste es sein?	Gewicht:

Datum:	Was habe ich gegessen:	Warum?	Nach guter Überlegung:	Mein Gewicht:
Kalorien in kcal:	Essmenge in gr.	Hunger/Frust	Musste es sein?	

Datum:		Warum?	Nach guter Überlegung:	Mein Gewicht:
Was habe ich gegessen: Kalorien in kcal:	Essmenge in gr.	Hunger/Frust	Musste es sein?	

Datum:	Was habe ich gegessen:	Warum?	Nach guter Überlegung:	Mein Gewicht:
Kalorien in kcal:	Essmenge in gr.	Hunger/Frust	Musste es sein?	

Datum:		Warum?	Nach guter Überlegung:	Mein Gewicht:
Was habe ich gegessen:		**Hunger/Frust**	**Musste es sein?**	
Kalorien in kcal:	Essmenge in gr.			

Datum:	Was habe ich gegessen:		Warum? Hunger/Frust	Nach guter Überlegung: Musste es sein?	Mein Gewicht:
	Kalorien in kcal:	Essmenge in gr.			

Datum:		Warum?	Nach guter Überlegung:	Mein Gewicht:
Was habe ich gegessen: Kalorien in kcal:	Essmenge in gr.	Hunger/Frust	Musste es sein?	

Datum:	Was habe ich gegessen:		Warum?	Nach guter Überlegung:	Mein Gewicht:
	Kalorien in kcal:	Essmenge in gr.	Hunger/Frust	Musste es sein?	

Datum:		Warum?	Nach guter Überlegung:	Mein Gewicht:
Was habe ich gegessen: Kalorien in kcal:	Essmenge in gr.	Hunger/Frust	Musste es sein?	

Datum:	Was habe ich gegessen:	Warum? Hunger/Frust	Nach guter Überlegung: Musste es sein?	Mein Gewicht:
Kalorien in kcal:	Essmenge in gr.			

Datum:		Warum?	Nach guter Überlegung:	Mein Gewicht:
Was habe ich gegessen: Kalorien in kcal:	Essmenge in gr.	Hunger/Frust	Musste es sein?	

Datum:	Was habe ich gegessen: Kalorien in kcal:	Essmenge in gr.	**Warum?** Hunger/Frust	Nach guter Überlegung: Musste es sein?	Mein Gewicht:

Datum:		Warum?	Nach guter Überlegung:	Mein Gewicht:
Was habe ich gegessen: Kalorien in kcal:	Essmenge in gr.	Hunger/Frust	Musste es sein?	

Datum:	Was habe ich gegessen:	Warum?	Nach guter Überlegung:	Mein Gewicht:
Kalorien in kcal:	Essmenge in gr.	Hunger/Frust	Musste es sein?	

Datum:		Warum?	Nach guter Überlegung:	Mein Gewicht:
Was habe ich gegessen: Kalorien in kcal:	Essmenge in gr.	Hunger/Frust	Musste es sein?	

Datum:	Was habe ich gegessen: Kalorien Essmenge in kcal: in gr.	Warum? Hunger/Frust	Nach guter Überlegung: Musste es sein?	Mein Gewicht:

Datum:		Warum?	Nach guter Überlegung:	Mein Gewicht:
Was habe ich gegessen:		Hunger/Frust	Musste es sein?	
Kalorien in kcal:	Essmenge in gr.			

Datum:	Was habe ich gegessen:	Warum?	Nach guter Überlegung:	Mein Gewicht:
Kalorien in kcal:	Essmenge in gr.	Hunger/Frust	Musste es sein?	

Datum:		Warum?	Nach guter Überlegung:	Mein Gewicht:
Was habe ich gegessen: Kalorien in kcal:	Essmenge in gr.	Hunger/Frust	Musste es sein?	

Datum:	Was habe ich gegessen:		Warum?	Nach guter	Mein
Kalorien in kcal:	Essmenge in gr.		Hunger/Frust	Überlegung: Musste es sein?	Gewicht:

Datum:				
Was habe ich gegessen:		**Warum?**	Nach guter Überlegung:	Mein Gewicht:
Kalorien in kcal:	Essmenge in gr.	Hunger/Frust	Musste es sein?	

Datum:	Was habe ich gegessen:	Kalorien in kcal:	Essmenge in gr.	Warum? Hunger/Frust	Nach guter Überlegung: Musste es sein?	Mein Gewicht:

Datum:		Warum?	Nach guter Überlegung:	Mein Gewicht:
Was habe ich gegessen: Kalorien in kcal:	Essmenge in gr.	Hunger/Frust	Musste es sein?	

Datum:	Was habe ich gegessen:	Warum?	Nach guter Überlegung:	Mein Gewicht:
Kalorien in kcal:	Essmenge in gr.	Hunger/Frust	Musste es sein?	

Datum:			Nach guter	
Was habe ich gegessen:		Warum?	Überlegung:	Mein Gewicht:
Kalorien in kcal:	Essmenge in gr.	Hunger/Frust	Musste es sein?	

Datum:	Was habe ich gegessen:		Warum?	Nach guter	Mein
Kalorien in kcal:	Essmenge in gr.		Hunger/Frust	Überlegung: Musste es sein?	Gewicht:

Datum:		Warum?	Nach guter Überlegung:	Mein Gewicht:
Was habe ich gegessen:				
Kalorien in kcal:	Essmenge in gr.	Hunger/Frust	Musste es sein?	

Datum:	Was habe ich gegessen: Kalorien Essmenge in kcal: in gr.	Warum? Hunger/Frust	Nach guter Überlegung: Musste es sein?	Mein Gewicht:

Datum:		Warum?	Nach guter Überlegung:	Mein Gewicht:
Was habe ich gegessen: Kalorien in kcal:	Essmenge in gr.	Hunger/Frust	Musste es sein?	

Datum:	Was habe ich gegessen:	Warum?	Nach guter Überlegung:	Mein Gewicht:
Kalorien in kcal:	Essmenge in gr.	Hunger/Frust	Musste es sein?	

Datum:		Warum?	Nach guter Überlegung:	Mein Gewicht:
Was habe ich gegessen: Kalorien in kcal:	Essmenge in gr.	Hunger/Frust	Musste es sein?	

Datum:

Was habe ich gegessen:

Kalorien **Essmenge**
in kcal: in gr.

Warum?
Hunger/Frust

Nach guter
Überlegung:

Musste es sein?

Mein
Gewicht:

Datum:		Warum?	Nach guter Überlegung:	Mein Gewicht:
Was habe ich gegessen: Kalorien in kcal:	Essmenge in gr.	Hunger/Frust	Musste es sein?	

Datum:	Was habe ich gegessen:	Warum?	Nach guter Überlegung:	Mein Gewicht:
Kalorien in kcal:	Essmenge in gr.	Hunger/Frust	Musste es sein?	

Datum:		Warum?	Nach guter Überlegung:	Mein Gewicht:
Was habe ich gegessen: Kalorien in kcal:	Essmenge in gr.	Hunger/Frust	Musste es sein?	

Datum:	Was habe ich gegessen:	Warum?	Nach guter Überlegung:	Mein Gewicht:
Kalorien in kcal:	Essmenge in gr.	Hunger/Frust	Musste es sein?	

Datum:		Warum?	Nach guter Überlegung:	Mein Gewicht:
Was habe ich gegessen:				
Kalorien in kcal:	Essmenge in gr.	Hunger/Frust	Musste es sein?	

Datum:	Was habe ich gegessen:		Warum?	Nach guter	Mein
Kalorien in kcal:	Essmenge in gr.		Hunger/Frust	Überlegung: Musste es sein?	Gewicht:

Datum:		Warum?	Nach guter Überlegung:	Mein Gewicht:
Was habe ich gegessen: Kalorien in kcal:	Essmenge in gr.	Hunger/Frust	Musste es sein?	

Datum:	Was habe ich gegessen:	Warum?	Nach guter Überlegung:	Mein Gewicht:
Kalorien in kcal:	Essmenge in gr.	Hunger/Frust	Musste es sein?	

Datum:		Warum?	Nach guter Überlegung:	Mein Gewicht:
Was habe ich gegessen: Kalorien in kcal:	Essmenge in gr.	Hunger/Frust	Musste es sein?	

Datum:

Was habe ich gegessen: **Warum?** Nach guter **Mein**
Kalorien **Essmenge** Hunger/Frust Überlegung: Gewicht:
in kcal: **in gr.**
  Musste es sein?

Datum:		Warum?	Nach guter Überlegung:	Mein Gewicht:
Was habe ich gegessen: Kalorien in kcal:	Essmenge in gr.	Hunger/Frust	Musste es sein?	

Datum:	Was habe ich gegessen:		Warum?	Nach guter Überlegung:	Mein Gewicht:
	Kalorien in kcal:	Essmenge in gr.	Hunger/Frust	Musste es sein?	

Datum:		Warum?	Nach guter Überlegung:	Mein Gewicht:
Was habe ich gegessen: Kalorien in kcal:	Essmenge in gr.	Hunger/Frust	Musste es sein?	

Datum:	Was habe ich gegessen: Kalorien in kcal:	Essmenge in gr.	Warum? Hunger/Frust	Nach guter Überlegung: Musste es sein?	Mein Gewicht:

Datum:		Warum?	Nach guter Überlegung:	Mein Gewicht:
Was habe ich gegessen: Kalorien in kcal:	Essmenge in gr.	Hunger/Frust	Musste es sein?	

Datum:	Was habe ich gegessen:		Warum?	Nach guter	Mein
Kalorien in kcal:	Essmenge in gr.		Hunger/Frust	Überlegung: Musste es sein?	Gewicht:

Datum:		Warum?	Nach guter Überlegung:	Mein Gewicht:
Was habe ich gegessen: Kalorien in kcal:	Essmenge in gr.	Hunger/Frust	Musste es sein?	

Datum:				Nach guter	
Was habe ich gegessen:		Warum?		Überlegung:	Mein
Kalorien in kcal:	Essmenge in gr.	Hunger/Frust		Musste es sein?	Gewicht:

Datum:		Warum?	Nach guter Überlegung:	Mein Gewicht:
Was habe ich gegessen: Kalorien in kcal:	Essmenge in gr.	Hunger/Frust	Musste es sein?	

Datum:	Was habe ich gegessen: Kalorien in kcal: Essmenge in gr.	Warum? Hunger/Frust	Nach guter Überlegung: Musste es sein?	Mein Gewicht:

Datum:		Warum?	Nach guter Überlegung:	Mein Gewicht:
Was habe ich gegessen: Kalorien in kcal:	Essmenge in gr.	Hunger/Frust	Musste es sein?	

Datum:	Was habe ich gegessen:		Warum? Hunger/Frust	Nach guter Überlegung: Musste es sein?	Mein Gewicht:
Kalorien in kcal:	Essmenge in gr.				

Datum:		Warum?	Nach guter Überlegung:	Mein Gewicht:
Was habe ich gegessen: Kalorien in kcal:	Essmenge in gr.	Hunger/Frust	Musste es sein?	

Datum:	Was habe ich gegessen:	Warum?	Nach guter Überlegung:	Mein Gewicht:
Kalorien in kcal:	Essmenge in gr.	Hunger/Frust	Musste es sein?	

Datum:		Warum?	Nach guter Überlegung:	Mein Gewicht:
Was habe ich gegessen: Kalorien in kcal:	Essmenge in gr.	Hunger/Frust	Musste es sein?	

Datum:	Was habe ich gegessen:	Warum?	Nach guter Überlegung:	Mein Gewicht:
Kalorien in kcal:	Essmenge in gr.	Hunger/Frust	Musste es sein?	

Datum:		Warum?	Nach guter Überlegung:	Mein Gewicht:
Was habe ich gegessen: Kalorien in kcal:	Essmenge in gr.	Hunger/Frust	Musste es sein?	

Datum:	Was habe ich gegessen:		Warum?	Nach guter	Mein
Kalorien in kcal:	Essmenge in gr.		Hunger/Frust	Überlegung: Musste es sein?	Gewicht:

Datum:		Warum?	Nach guter Überlegung:	Mein Gewicht:
Was habe ich gegessen: Kalorien in kcal:	Essmenge in gr.	Hunger/Frust	Musste es sein?	

Datum:	Was habe ich gegessen:		Warum?	Nach guter Überlegung:	Mein Gewicht:
Kalorien in kcal:	Essmenge in gr.		Hunger/Frust	Musste es sein?	

Datum:		Warum?	Nach guter Überlegung:	Mein Gewicht:
Was habe ich gegessen: Kalorien in kcal:	Essmenge in gr.	Hunger/Frust	Musste es sein?	

Datum:	Was habe ich gegessen: Kalorien Essmenge in kcal: in gr.	Warum? Hunger/Frust	Nach guter Überlegung: Musste es sein?	Mein Gewicht:

Datum:		Warum?	Nach guter Überlegung:	Mein Gewicht:
Was habe ich gegessen: Kalorien in kcal:	Essmenge in gr.	Hunger/Frust	Musste es sein?	

Datum:	Was habe ich gegessen:		Warum?	Nach guter	Mein
Kalorien in kcal:	Essmenge in gr.		Hunger/Frust	Überlegung: Musste es sein?	Gewicht:

Datum:		Warum?	Nach guter Überlegung:	Mein Gewicht:
Was habe ich gegessen: Kalorien in kcal:	Essmenge in gr.	Hunger/Frust	Musste es sein?	

Datum:

Was habe ich gegessen:

Kalorien **Essmenge**
in kcal: in gr.

Warum?
Hunger/Frust

Nach guter
Überlegung:

Musste es sein?

Mein
Gewicht:

Datum:		Warum?	Nach guter Überlegung:	Mein Gewicht:
Was habe ich gegessen: Kalorien in kcal:	Essmenge in gr.	Hunger/Frust	Musste es sein?	

Datum:	Was habe ich gegessen:		Warum? Hunger/Frust	Nach guter Überlegung: Musste es sein?	Mein Gewicht:
Kalorien in kcal:	Essmenge in gr.				

Datum:				
Was habe ich gegessen:		**Warum?**	Nach guter Überlegung:	Mein Gewicht:
Kalorien in kcal:	Essmenge in gr.	Hunger/Frust	Musste es sein?	

Datum:	Was habe ich gegessen:	Warum?	Nach guter Überlegung:	Mein Gewicht:
Kalorien in kcal:	Essmenge in gr.	Hunger/Frust	Musste es sein?	

Datum:		Warum?	Nach guter Überlegung:	Mein Gewicht:
Was habe ich gegessen: Kalorien in kcal:	Essmenge in gr.	Hunger/Frust	Musste es sein?	

Datum:	Was habe ich gegessen:	Warum?	Nach guter Überlegung:	Mein Gewicht:
Kalorien in kcal:	Essmenge in gr.	Hunger/Frust	Musste es sein?	

Datum:		Warum?	Nach guter Überlegung:	Mein Gewicht:
Was habe ich gegessen: Kalorien in kcal:	Essmenge in gr.	Hunger/Frust	Musste es sein?	

Datum:	Was habe ich gegessen:		Warum?	Nach guter Überlegung:	Mein Gewicht:
	Kalorien in kcal:	Essmenge in gr.	Hunger/Frust	Musste es sein?	

Datum:				Nach guter	
Was habe ich gegessen:		Warum?		Überlegung:	Mein
Kalorien in kcal:	Essmenge in gr.	Hunger/Frust		Musste es sein?	Gewicht:

Datum:				Nach guter	
Was habe ich gegessen:		**Warum?**	Überlegung:		Mein
Kalorien in kcal:	Essmenge in gr.	Hunger/Frust	Musste es sein?		Gewicht:

Datum:		Warum?	Nach guter Überlegung:	Mein Gewicht:
Was habe ich gegessen:		**Hunger/Frust**	**Musste es sein?**	
Kalorien in kcal:	Essmenge in gr.			

Datum:	Was habe ich gegessen:	Warum?	Nach guter Überlegung:	Mein Gewicht:
Kalorien in kcal:	Essmenge in gr.	Hunger/Frust	Musste es sein?